PARCE QUE TU ES UN GARÇON exceptionnel

ALICIA PERETTI

Ce livre appartient au garçon exceptionnel :

....

Offert par :

....

© 2024, Alicia PERETTI
Édition : BoD · Books on Demand GmbH,
In de Tarpen 42, 22848 Norderstedt (Allemagne)
Impression : Libri Plureos GmbH, Friedensallee 273,
22763 Hamburg (Allemagne)

ISBN : 978-2-3225-1606-3
Dépôt légal : Novembre 2024

SOMMAIRE

PRÉFACE

Salut à toi, jeune lecteur,

C'est avec une profonde passion pour le développement personnel que j'ai écrit ce livre, inspirée par le désir de transmettre des valeurs essentielles aux jeunes garçons. En tant que maman de deux petits garçons, je crois fermement qu'apprendre à avoir confiance en soi, à être tolérant et à s'aimer soi-même est essentiel pour vivre une vie épanouissante.

Ce livre est spécialement conçu pour des garçons comme toi. Chaque histoire que tu vas découvrir a été pensée pour t'apporter force et réconfort. Je veux que tu te sentes compris et soutenu, et que tu trouves en toi les clés pour devenir la meilleure version de toi-même.

Mon parcours dans le développement personnel m'a transformée. Il m'a apporté un épanouissement personnel et une capacité à surmonter des défis que je ne pensais pas possibles. C'est ce sentiment que j'aimerais partager avec toi à travers ces récits.

Chaque histoire t'invite à découvrir ta valeur unique, à accueillir tes différences et à cultiver une attitude positive envers toi-même et les autres.

Si ce livre te plaît, n'hésite pas à demander à tes parents de laisser un avis sur les plateformes de vente en ligne. Chaque commentaire compte énormément pour moi, et je prends le temps de les lire tous avec beaucoup d'attention.

J'espère de tout cœur que tu prendras autant de plaisir à lire ce livre que j'en ai eu à l'écrire. Merci chaleureusement pour ton soutien.

Avec toute mon affection,

Alicia Peretti

**Bienvenue dans ce livre, qui t'est destiné,
à toi, ce garçon exceptionnel.**

À travers ces histoires, tu vas rencontrer des garçons qui, comme toi, vivent des aventures, relèvent des défis, et découvrent qu'ils possèdent en eux des qualités extraordinaires.

Qu'il s'agisse de trouver le courage d'affronter une peur, de faire preuve de gentillesse pour rendre le monde meilleur, ou d'utiliser leur imagination pour rêver grand, chaque histoire te rappellera combien tu es unique et précieux.

Chaque page est là pour te montrer que tu as le droit d'être toi-même, de croire en tes rêves, et de faire briller ton cœur, car tu es fort, capable, et plein de belles qualités.

Comme les héros de ces histoires, n'oublie jamais que tu peux accomplir de grandes choses en restant fidèle à ce qui est important pour toi.

Alors, plonge dans chaque histoire, et découvre pourquoi toi aussi, tu es un garçon exceptionnel !

LE TRÉSOR CACHÉ DE LÉON

Dans un petit village tranquille, Léon était un garçon curieux et aventureux. Il adorait explorer les recoins de sa maison, toujours à la recherche de nouvelles découvertes.

Un après-midi ensoleillé, alors qu'il fouillait dans le grenier poussiéreux de sa grand-mère, il tomba sur une vieille malle en bois. Intrigué, il l'ouvrit avec précaution et découvrit à l'intérieur une carte au trésor jaunie par le temps.

Les yeux de Léon brillèrent d'excitation. La carte indiquait un endroit mystérieux à la lisière de la forêt, et il y avait un dessin d'un coffre en or marqué d'un grand "X". Léon sentit son cœur battre la chamade. C'était l'occasion rêvée pour vivre une véritable aventure ! Il décida de suivre la carte et de partir à la recherche du trésor.

Le lendemain matin, il se leva tôt, enfilant ses chaussures de randonnée et prenant un sac à dos avec de l'eau et quelques collations.

Avant de partir, il en parla à son meilleur ami, Hugo, qui était toujours partant pour une nouvelle aventure. Hugo, enthousiaste, décida de se joindre à lui.

Les deux amis commencèrent leur quête, suivant les indications de la carte. Ils traversèrent des champs de fleurs colorées, escaladèrent de petites collines et s'enfoncèrent dans la forêt. Au fur et à mesure qu'ils avançaient, Léon ressentait un mélange d'excitation et d'appréhension.
Et s'ils ne trouvaient pas le trésor ? Et s'ils se perdaient en chemin ?

Tout à coup, ils entendirent un bruit derrière eux. C'était leur amie Clara, qui avait décidé de les suivre en cachette. "Vous ne pouvez pas partir à l'aventure sans moi !" dit-elle, le sourire aux lèvres. Léon et Hugo échangèrent un regard, puis décidèrent d'accueillir Clara dans leur équipe. Plus on est de fous, plus on rit, pensèrent-ils.

En continuant leur chemin, ils rencontrèrent plusieurs obstacles : un ruisseau à traverser, un grand arbre tombé sur le sentier, et même une petite montée rocheuse. À chaque fois, Léon hésitait un instant, mais il se rappelait alors de la carte et de l'excitation de la découverte. Avec l'aide de ses amis, ils trouvèrent toujours une solution, se soutenant mutuellement dans les moments de doute. Léon commença à réaliser qu'il était capable de surmonter ces défis.

Après plusieurs heures d'exploration, ils atteignirent enfin l'endroit indiqué sur la carte. C'était une clairière magnifique, baignée par le soleil. Au centre, un grand chêne majestueux se tenait là, ses racines plongeant profondément dans le sol. Léon fouilla dans la terre autour de l'arbre, avec l'espoir de trouver le trésor.

Après quelques minutes, il heurta quelque chose de dur. Les cœurs battant la chamade, ils creusèrent ensemble jusqu'à ce qu'ils dégagent une petite boîte en fer rouillée.

Avec des mains tremblantes d'excitation, Léon l'ouvrit. À l'intérieur, ils trouvèrent non pas des pièces d'or, mais une collection de vieux jouets, des souvenirs d'enfance, et une lettre jaunie.

En lisant la lettre, Léon découvrit qu'elle avait été écrite par un groupe d'enfants qui avaient autrefois joué dans cette même clairière. Ils parlaient de leurs aventures, de leurs rires, et de l'amitié qui les unissait. Léon réalisa alors que le vrai trésor n'était pas un coffre rempli de richesses, mais plutôt l'expérience qu'ils avaient partagée ensemble et les liens qu'ils avaient tissés au cours de leur quête.

En rentrant chez eux, Léon avait un grand sourire sur le visage. Il avait non seulement découvert un trésor, mais il avait aussi appris quelque chose d'encore plus précieux : la confiance en lui-même et l'importance de l'amitié. Léon comprit que chaque défi qu'il avait relevé avec Hugo et Clara avait renforcé son courage, et qu'il était prêt pour d'autres aventures à venir.

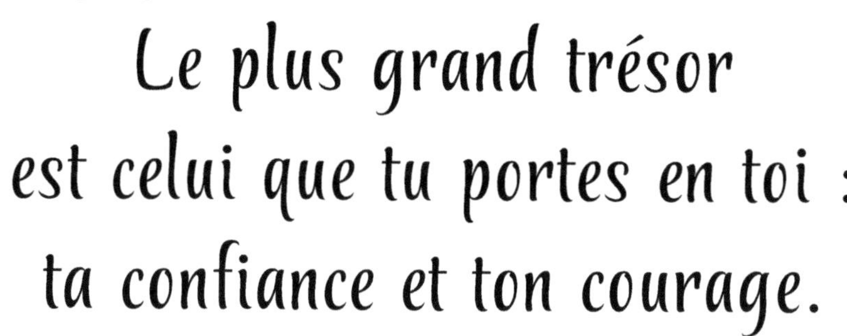

Quand as-tu ressenti que tu avais du courage, même si tu avais peur ? Que t'a appris cette expérience sur toi-même ?

LE RÊVE DE MAX, L'ARTISTE

Max était un garçon passionné par le dessin. Depuis qu'il était tout petit, il remplissait des carnets de croquis de ses idées, de ses rêves et de tout ce qu'il aimait observer autour de lui. Ses personnages, ses animaux et ses paysages prenaient vie sous ses crayons, et, pour lui, dessiner était un moyen de s'évader et de s'exprimer.

Pourtant, malgré cette passion, Max doutait de ses talents. À l'école, il aimait bien montrer ses dessins à sa meilleure amie, Lila, qui les trouvait toujours formidables. Mais lorsqu'il s'agissait de les montrer à d'autres personnes, Max devenait timide. Il se demandait s'il était vraiment bon, s'il pourrait un jour dessiner aussi bien que les artistes qu'il admirait dans ses livres.

Un jour, leur professeur annonça un grand concours d'art organisé par l'école. Tous les élèves étaient invités à participer et à soumettre un dessin autour du thème "Le monde de mes rêves".

En entendant cela, Max sentit un mélange d'excitation et de peur. D'un côté, il avait plein d'idées ; il savait exactement ce qu'il voulait représenter. Mais de l'autre, une petite voix en lui ne cessait de lui murmurer qu'il n'était peut-être pas assez bon.

Le soir même, Lila vint le voir. Elle savait combien Max aimait dessiner, et elle était sûre qu'il aurait de merveilleuses idées pour ce concours.

"Allez, Max," dit-elle, avec un grand sourire, "tu sais que tu peux le faire ! Tes dessins sont incroyables. Pourquoi hésiter ?"

Max haussa les épaules, un peu gêné. "Je ne sais pas... Peut-être que mes dessins ne sont pas aussi bien que ceux des autres."

Lila posa une main sur son épaule et lui sourit. "Ce n'est pas important que tes dessins soient parfaits, Max. Ce qui compte, c'est qu'ils viennent de toi. Personne d'autre ne peut dessiner comme toi. Ton style est unique, et c'est ce qui le rend spécial."

Ces mots réchauffèrent le cœur de Max. Il passa les jours suivants à réfléchir, puis il se décida enfin. Il sortirait ses crayons et dessinerait le monde de ses rêves, peu importe les doutes qui le hantaient. Il se mit au travail, passant des heures à donner vie à ce qu'il voyait dans son imagination.

Il dessina des paysages magiques, des montagnes colorées, des animaux fantastiques et des personnages amicaux qui vivaient en harmonie. Chaque détail était rempli de douceur et de magie, et il se laissa emporter par son envie de créer.

Quand le jour du concours arriva, Max sentit un nœud dans son estomac. Il n'avait jamais montré ses œuvres à autant de monde. Mais en voyant Lila lui faire un signe d'encouragement, il se rappela ses mots : il n'était pas là pour être parfait, il était là pour partager quelque chose qui venait de son cœur.

Finalement, le jury annonça les gagnants. À la grande surprise de Max, il reçut le prix du "Dessinateur le plus créatif".

Les juges avaient été touchés par son dessin plein de couleurs et d'imagination, qui montrait un monde où chacun pouvait être heureux, libre et serein.

Max rentra chez lui ce soir-là avec un sourire immense. Ce concours lui avait appris une chose précieuse : son talent était unique, et il suffisait de croire en lui-même pour le laisser briller.

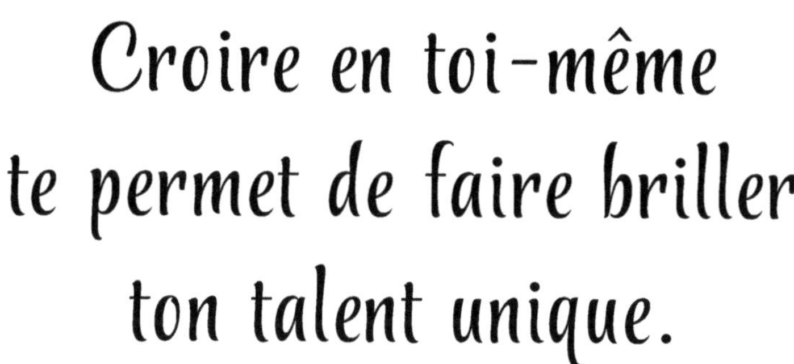

Y a-t-il quelque chose que tu aimes faire, mais pour lequel tu doutes parfois de toi ? Que te dirait un ami pour t'encourager ?

LE SUPER-POUVOIR DE THÉO

Théo adorait les histoires de super-héros. Il avait lu toutes les bandes dessinées de sa collection et connaissait les pouvoirs de chaque personnage par cœur : la force surhumaine, la vitesse, le pouvoir de voler ou même d'être invisible. Théo s'imaginait parfois avec des pouvoirs extraordinaires.

S'il avait un super-pouvoir, il pourrait aider tout le monde, arrêter les méchants et protéger ceux qu'il aime. Mais une petite voix dans sa tête lui rappelait que tout cela n'existait que dans les films et les bandes dessinées. Les vrais super-héros, se disait-il, n'existent pas vraiment.

Un matin, alors qu'il marchait vers l'école, Théo aperçut un garçon plus jeune, Paul, qui peinait à porter son cartable. Les autres enfants passaient sans faire attention, mais Théo ralentit et demanda : "Ça va, Paul ? Tu veux un coup de main ?" Paul, surpris, accepta avec un sourire timide, et Théo l'accompagna jusqu'à sa classe en portant son cartable.

Avant de le quitter, Paul le remercia chaleureusement et lui dit :
"Merci, Théo. Grâce à toi, j'ai l'impression de pouvoir soulever des
montagnes aujourd'hui !"

Cette remarque fit sourire Théo. Ce n'était peut-être pas un
super-pouvoir, mais aider Paul lui avait donné un sentiment
agréable, comme si un peu de chaleur émanait de lui. Ce jour-là,
il se mit à observer autour de lui, se demandant comment il
pourrait encore faire du bien à ceux qu'il croisait.

Pendant la pause de midi, il aperçut sa camarade de classe,
Emma, assise seule sur un banc, l'air triste. Sans hésiter, Théo alla
la voir. "Ça va, Emma ?" demanda-t-il.

Emma haussa les épaules et soupira. "Je me suis disputée avec
ma meilleure amie, et je me sens vraiment seule."

Théo, qui détestait voir ses amis tristes, lui sourit et dit : "Si tu veux, je peux rester avec toi. On pourrait discuter, ou je peux te raconter l'histoire drôle que j'ai entendue ce matin !" Emma leva les yeux et esquissa un léger sourire. Elle accepta son offre, et bientôt, ils riaient ensemble. À la fin de la pause, Emma lui fit un câlin et le remercia. "Merci, Théo, tu m'as vraiment remonté le moral !"

Au fur et à mesure de la journée, Théo se rendit compte que chaque petit geste qu'il faisait, chaque sourire qu'il offrait, avait un effet presque magique sur les autres. Plus il faisait preuve de gentillesse, plus il voyait les visages s'éclairer autour de lui, et plus il se sentait fort, comme s'il possédait un véritable pouvoir.

Le soir, de retour chez lui, Théo raconta sa journée à sa mère, partageant ses découvertes avec enthousiasme. "Maman," dit-il, "je crois que j'ai trouvé un vrai super-pouvoir aujourd'hui."

Sa mère le regarda, amusée. "Ah bon ? Et quel est ce super-pouvoir ?"

"Le pouvoir de la gentillesse ! Quand je suis gentil avec les autres, ils semblent plus heureux, et ça me rend heureux aussi. C'est comme une sorte de magie."

Sa mère sourit tendrement.

"Tu as tout compris, mon chéri. La gentillesse est l'un des plus grands pouvoirs qui existent. Elle a la capacité de transformer le monde, un geste à la fois."

Ce soir-là, avant de s'endormir, Théo pensa à toutes les petites choses qu'il pouvait continuer à faire pour utiliser son "super-pouvoir".

Il s'endormit avec un sourire aux lèvres, fier de savoir qu'il avait en lui la capacité de rendre la vie des autres plus belle, rien qu'en étant lui-même.

À partir de ce jour, Théo ne douta plus de la force de la gentillesse. Il n'avait peut-être pas de cape ou de pouvoirs surnaturels, mais il possédait quelque chose d'encore plus précieux : un cœur prêt à rendre le monde meilleur, un sourire à la fois.

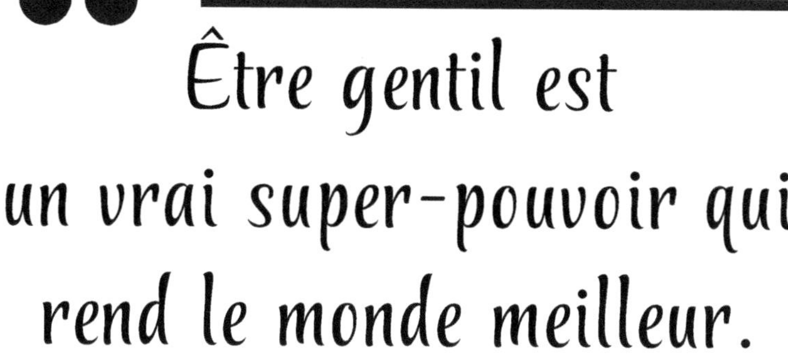

Quand as-tu utilisé ton propre super-pouvoir de gentillesse pour aider quelqu'un ? Comment cela t'a-t-il fait sentir ?

L'AVENTURE DE SAM LE COURAGEUX

Sam était un garçon plein de rêves et d'énergie. Mais il avait une peur qu'il n'osait avouer qu'à ses proches : il avait le vertige. Rien que de monter sur un tabouret pour attraper quelque chose sur l'étagère le rendait nerveux.

Pourtant, chaque matin, en regardant par la fenêtre de sa chambre, il voyait la grande colline qui surplombait son village, et il rêvait d'en atteindre le sommet.

La colline était magnifique, couverte d'herbes hautes et de fleurs sauvages, et elle offrait une vue imprenable sur tout le village et au-delà. Sam imaginait souvent la vue depuis le sommet, le vent sur son visage et l'horizon s'étendant à perte de vue. Mais il n'avait jamais osé tenter l'aventure. "Un jour, peut-être," se disait-il. "Quand je serai plus courageux."

Un dimanche matin, alors qu'il était assis dans le jardin avec son grand-père, Sam regarda la colline au loin et soupira. Son grand-père, qui avait remarqué ses regards rêveurs, lui demanda gentiment : "Sam, pourquoi tu ne tentes pas de monter cette colline ? Je vois bien que tu en as envie."

Sam baissa la tête. "J'aimerais, mais... j'ai peur des hauteurs. Et cette colline, elle est tellement... haute."

Son grand-père hocha la tête, comprenant bien le sentiment.

"Tu sais, Sam," dit-il, "le courage, ce n'est pas de ne jamais avoir peur. Le courage, c'est avancer malgré la peur, un petit pas à la fois. Et si tu te donnais une chance ?

Tu n'as pas besoin de monter tout en haut aujourd'hui. Tu pourrais commencer par faire un pas. Puis un autre."

Ces mots résonnèrent dans l'esprit de Sam. Peut-être qu'il n'avait pas besoin de gravir toute la colline d'un coup. Peut-être qu'il pouvait juste... commencer.

Le lendemain matin, Sam décida de se lancer. Il mit ses chaussures de marche, remplit son sac d'eau et de quelques gâteaux puis partit vers la colline. En arrivant au pied de la pente, son cœur battait un peu plus fort, mais il se rappela les mots de son grand-père.
"Un pas à la fois", murmura-t-il pour se rassurer.

Il prit une grande inspiration et posa un pied sur le premier sentier. Le début du chemin était relativement plat, et il se sentait bien. Plus il avançait, plus il prenait confiance en lui, appréciant le chant des oiseaux et la douceur de l'air. Arrivé au premier palier, il s'arrêta pour se reposer et jeta un coup d'œil en arrière. Il était déjà monté plus haut qu'il ne l'aurait cru possible !

Mais le chemin devenait de plus en plus raide. Sam commença à sentir l'angoisse remonter en lui en voyant la pente qui continuait de grimper. Il hésita, se demandant s'il ne ferait pas mieux de faire demi-tour. Puis il repensa à son rêve d'atteindre le sommet et aux encouragements de son grand-père. "Juste un pas de plus," se dit-il.

Alors il continua, un pas après l'autre, s'autorisant à faire de courtes pauses dès que la peur devenait trop forte. Parfois, il s'asseyait simplement pour respirer et se calmer en admirant le paysage. Et à chaque fois, il se redressait avec détermination, prêt à faire encore un pas.

Après ce qui lui sembla une éternité, Sam finit par apercevoir le sommet de la colline à travers les arbres. Il sentait la fatigue dans ses jambes, mais l'idée de renoncer ne le traversa même pas. Il s'approcha du dernier rocher qui marquait le sommet et, enfin, posa le pied sur le point le plus haut.

En regardant autour de lui, Sam fut émerveillé. La vue était plus belle encore que dans ses rêves. Il voyait tout : les maisons du village en contrebas, les champs et les bois qui s'étendaient au loin. Le vent frais caressait son visage, et il sentit une immense fierté monter en lui. Il avait fait face à sa peur, et pas à pas, il avait réussi.

En redescendant, Sam se sentait transformé. Il comprenait maintenant que le courage, ce n'était pas d'être sans peur, mais de ne pas se laisser arrêter par elle. Il savait que d'autres défis l'attendaient dans la vie, mais il était prêt à les affronter, un pas à la fois.

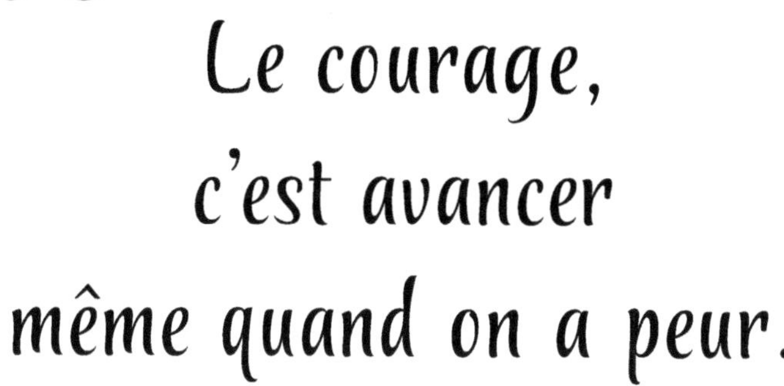

Y a-t-il quelque chose que tu as peur de faire, mais que tu aimerais vraiment essayer ? Que pourrais-tu faire, un petit pas à la fois, pour y arriver ?

KÉVIN ET LES ÉTOILES

Kévin était un petit garçon passionné par les étoiles. Chaque soir, après le dîner, il sortait dans le jardin avec son télescope, un cadeau de son grand-père, pour observer les constellations scintillantes dans le ciel nocturne.

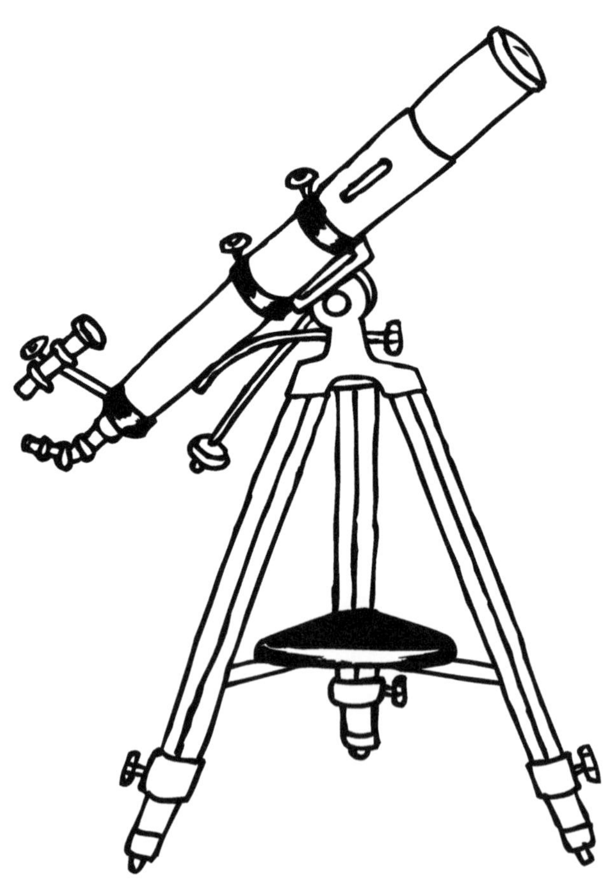

Il était fasciné par la beauté de l'univers et rêvait de devenir astronaute. Dans son esprit, il imaginait explorer les planètes, flotter dans l'espace et découvrir des mondes inconnus.

Un jour, alors qu'il partageait son rêve avec ses amis à l'école, il fut surpris par leur réaction. "Tu veux vraiment être astronaute ? C'est trop difficile ! Tu sais qu'il faut être super intelligent et travailler dur, n'est-ce pas ?" lui dit son ami Hugo, avec un ricanement. D'autres acquiescèrent et ajoutèrent : "Oui, ce n'est qu'un rêve, Kévin. Ce n'est pas pour nous."

Kévin se sentit un peu découragé. Était-il vraiment fou d'avoir un rêve aussi grand ? Mais en rentrant chez lui ce soir-là, il repensa à toutes les choses merveilleuses qu'il avait apprises sur l'espace. Les planètes, les étoiles, les galaxies... Tout cela le passionnait ! Il réalisa qu'il ne voulait pas abandonner son rêve si facilement. Ce rêve était ce qui le rendait heureux et l'animait.

Le lendemain, déterminé à poursuivre sa passion, Kévin décida de prendre les choses en main. Il commença par lire tous les livres sur l'astronomie qu'il pouvait trouver à la bibliothèque de l'école. Il passait des heures à se plonger dans des livres d'images sur les planètes et les astronautes, en prenant des notes sur tout ce qu'il apprenait. Chaque page tournée lui donnait un peu plus de confiance.

De retour chez lui, il continuait à observer les étoiles chaque nuit, mais maintenant avec un objectif précis. Il s'entraînait à reconnaître les constellations et se renseignait sur les missions spatiales célèbres. Un jour, il découvrit même un club d'astronomie qui se réunissait tous les mois à la bibliothèque. Ce serait l'occasion parfaite pour rencontrer d'autres passionnés et partager ses connaissances !

Lors de sa première réunion, Kévin était nerveux, mais il fut accueilli chaleureusement par des membres plus âgés qui partageaient la même passion que lui. Ils parlaient des dernières découvertes dans le domaine de l'astronomie et des projets d'exploration de Mars. Kévin se sentit chez lui et réalisa qu'il n'était pas seul dans son rêve. Il commença à poser des questions et à participer aux discussions, tout en écoutant avec fascination.

Au fil des mois, ses connaissances grandirent, et il décida de préparer une présentation sur le système solaire pour ses camarades de classe. Le jour de la présentation, il était un peu nerveux, mais il savait qu'il avait travaillé dur. En parlant de Saturne, de ses anneaux magnifiques et des missions qui avaient été envoyées pour l'explorer, il vit des visages attentifs autour de lui. Ses amis, qui l'avaient d'abord découragé, étaient maintenant captivés par sa passion.

À la fin de sa présentation, Kévin sentit une immense fierté. Ses camarades l'applaudirent, et même Hugo vint le voir en disant : "Tu sais quoi, Kévin ? Peut-être que tu pourrais vraiment y arriver. C'était génial !" Kévin se sentit revigoré par ces mots. Il comprit alors que ses rêves lui appartenaient, peu importe ce que les autres pouvaient penser.

Encouragé par le soutien de ses amis et de sa famille, Kévin continua de travailler pour son rêve d'astronaute. Il savait que le chemin serait long et plein de défis, mais il était prêt à les affronter. Chaque nuit, il continuait d'observer les étoiles, non pas avec le sentiment d'être un rêveur, mais avec la conviction qu'il pourrait un jour les toucher.

Finalement, un soir, alors qu'il observait une pluie d'étoiles filantes, il fit un vœu. Pas pour qu'il devienne astronaute, mais pour qu'il ait toujours le courage de croire en ses rêves et de ne jamais abandonner. Kévin savait qu'être extraordinaire, c'était avant tout croire en soi et poursuivre ses passions, quoi qu'en disent les autres.

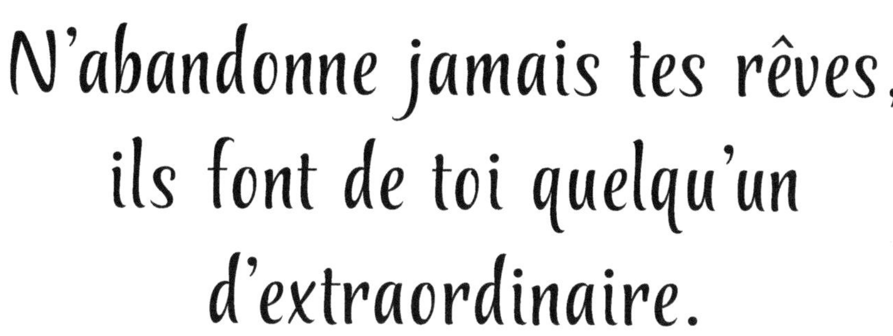

Quel est un rêve que tu aimerais poursuivre, même si d'autres te disent que c'est impossible ? Quelles étapes pourrais-tu prendre pour y arriver ?

LE JARDIN SECRET D'ADAM

Adam était un jeune garçon rêveur, toujours à la recherche de nouvelles aventures. Il adorait passer du temps à explorer les petits recoins de son quartier, s'imaginant en aventurier à la découverte de trésors cachés.

Un après-midi, alors qu'il se promenait près d'une vieille maison abandonnée, il aperçut un petit jardin sauvage, envahi par les herbes hautes et les fleurs fanées. Intrigué, il s'approcha et découvrit que ce coin de verdure était en fait un jardin oublié.

Les rayons du soleil filtraient à travers les arbres, créant une ambiance magique. Adam se pencha et vit des traces de ce qui avait dû être un jardin magnifique : des parterres de fleurs et des buissons aux couleurs éclatantes. L'idée germa dans son esprit : et si, au lieu de laisser cet endroit dépérir, il le faisait revivre ? Il décida de s'y atteler.

Le lendemain, armé de gants et d'un petit arrosoir, Adam revint avec des graines qu'il avait trouvées dans le tiroir de la cuisine. Il commença à défricher le sol, à enlever les mauvaises herbes et à préparer la terre.

Chaque jour après l'école, il revenait au jardin, semant ses graines avec soin et arrosant la terre avec amour. En prenant soin de ce coin oublié, Adam se sentait heureux et vivant.

Cependant, les jours passèrent et rien ne se produisait. Adam revenait chaque jour avec l'espoir de voir une petite pousse, mais le jardin semblait immuable. Il commença à douter.

"Peut-être que je ne suis pas fait pour être jardinier", se dit-il en regardant la terre stérile. Les pensées de découragement commençaient à envahir son esprit.

Mais quelque chose au fond de lui le poussait à continuer. Il se remémora les histoires que sa grand-mère lui racontait sur la patience et l'amour.

"Tout ce qui est beau prend du temps", lui avait-elle dit. Adam décida de persévérer. Il continua à arroser et à prendre soin de ses graines, même si cela lui demandait un effort constant.

Puis, un matin, alors qu'il se rendait au jardin, Adam aperçut quelque chose de différent.
Il s'approcha avec précaution et, avec une immense surprise, découvrit de petites pousses vertes qui sortaient timidement de la terre.

Son cœur se mit à battre plus fort, empli de joie.
Il n'en croyait pas ses yeux !
Ses efforts avaient porté leurs fruits.

Les jours suivants, il observa son jardin se transformer peu à peu en un véritable écrin de verdure. Les fleurs commençaient à éclore, offrant des teintes vibrantes de rose, de jaune et de violet. Adam passait de longues heures dans son jardin, émerveillé par la beauté qui se développait sous ses yeux. Chaque plante, chaque fleur représentait son amour et sa détermination.

C'était comme si son jardin lui chuchotait un secret : "Regarde comme tu es capable, Adam. Chaque petite action compte."

Ce jardin était devenu un lieu magique, où il se sentait apaisé et inspiré. Il avait appris que la patience et l'amour pouvaient transformer même le coin le plus abandonné en un endroit florissant. Et avec chaque fleur qui s'épanouissait, Adam réalisait qu'il pouvait accomplir de grandes choses, à condition de croire en lui et de persévérer.

Un jour, alors qu'il admirait le jardin en fleurs, Adam se dit qu'il pourrait inviter ses amis à venir le voir. Il avait tellement envie de partager cette magie avec eux. Lorsqu'ils arrivèrent, leurs yeux s'illuminèrent à la vue du jardin coloré. Ils étaient émerveillés.

Adam leur expliqua comment il avait pris soin des plantes et la patience que cela avait exigé.

À cet instant, Adam comprit que ce jardin ne représentait pas seulement un espace rempli de fleurs, mais aussi une leçon précieuse sur la vie.

Parfois, il faut croire en soi, faire des efforts et avoir confiance que les résultats suivront. Il sourit, sachant qu'avec de la patience et de l'amour, on peut faire fleurir des merveilles.

As-tu déjà pris le temps de faire quelque chose, même si cela prenait longtemps, et été content du résultat ?

LE COURAGE DE SIMON À DIRE NON

Simon était un garçon apprécié de tous, toujours prêt à faire plaisir à ses amis. Que ce soit pour organiser un match de football ou pour participer à un projet scolaire, il aimait être là pour les autres. Cependant, il avait aussi un petit secret : il détestait être en désaccord avec eux. Simon craignait de perdre leur amitié s'il n'acceptait pas toujours leurs idées.

Un après-midi ensoleillé, alors qu'ils jouaient dans le parc, Simon et ses amis décidèrent d'aller au cinéma. Tout en discutant des films, l'un de ses amis, Lucas, proposa une idée qui fit immédiatement grimacer Simon.

"Et si on lançait des pétards pendant le film ? Ce serait trop drôle !" dit Lucas en riant. Les autres amis, visiblement excités par l'idée, acquiescèrent.

Simon se sentit mal à l'aise. L'idée de perturber le film pour les autres le dérangeait. Il savait que cela dérangerait aussi d'autres spectateurs, mais il n'osa pas s'exprimer.

"Peut-être que je pourrais juste me joindre à eux, même si je ne suis pas d'accord", pensa-t-il. Après tout, il voulait passer un bon moment avec ses amis.

Les jours passèrent, et l'idée de Lucas continuait de l'obséder. À l'approche du cinéma, Simon était de plus en plus anxieux. Il ne pouvait pas imaginer être celui qui aurait pu gâcher leur sortie, mais il savait au fond de lui que lancer des pétards n'était pas juste.

Une nuit, en se couchant, il réfléchit à ce qui était vraiment important pour lui : l'amitié, oui, mais aussi le respect et le fait de rester fidèle à lui-même.

Le jour du film arriva, et Simon se sentit partagé. Alors qu'ils attendaient dans la file d'attente, il décida qu'il devait dire ce qu'il pensait. Les craintes le tenaient, mais il savait qu'il devait écouter son cœur.

Après quelques respirations profondes, il prit son courage à deux mains et dit :

"Les gars, je ne suis pas d'accord pour lancer des pétards pendant le film. Je pense que ça va déranger les autres et que ce n'est pas une bonne idée."

Ses amis le regardèrent, surpris.

Un silence s'installa, et Simon pouvait sentir son cœur battre à tout rompre.

Il se demandait si ses mots allaient déplaire à ses camarades.

Mais à sa grande surprise, Lucas resta silencieux un instant, regardant Simon avec une expression indécise. Les autres amis échangèrent des regards, et l'ambiance devint un peu tendue.

"Mais c'est juste pour s'amuser, non ?" dit Lucas, un brin frustré.
"Tu ne veux vraiment pas qu'on fasse ça ?".

Simon sentit son cœur s'emballer, mais il garda son calme et répondit : "Je veux juste qu'on passe un bon moment sans déranger les autres."

Après un moment d'hésitation, Lucas soupira.

"D'accord, je comprends. Mais c'est vrai qu'on peut trouver autre chose à faire."

Les autres acquiescèrent lentement, et ils commencèrent à discuter d'autres idées amusantes à faire pendant le film.

Simon sentit un soulagement immense le traverser. En s'affirmant, il avait non seulement respecté ses valeurs, mais il avait également renforcé le respect que ses amis avaient pour lui. Ils réalisèrent que son honnêteté était précieuse, et plutôt que de se fâcher, ils apprécièrent qu'il ait eu le courage de dire non.

Au fur et à mesure que la soirée avançait et qu'ils regardaient le film ensemble, Simon comprit que le courage ne se mesurait pas seulement à la force physique, mais aussi à la capacité de défendre ce en quoi on croit, même si cela signifie parfois être en désaccord avec ses amis.

Il se sentit fier d'avoir écouté son cœur et d'avoir pris la bonne décision.

Plus tard, alors qu'ils sortaient du cinéma, Simon sourit, réalisant qu'une véritable amitié repose sur le respect mutuel.

Ses amis l'avaient respecté encore plus pour son courage, et cela lui réchauffait le cœur.

Il savait maintenant que dire non pouvait être une force, et que la vraie amitié ne dépendait pas de l'approbation, mais du respect des valeurs de chacun.

As-tu déjà été dans une situation où tu devais dire non à quelque chose qui te mettait mal à l'aise ? Comment as-tu réagi et comment te sentais-tu après ?

L'AVENTURE DE MARTIN

Martin était un garçon timide, un peu en retrait, qui préférait observer les autres plutôt que d'être au centre de l'attention. Chaque dimanche, il aimait s'installer sur le canapé avec son grand-père, un homme aux récits captivants.

Son grand-père racontait des histoires d'aventures incroyables : des explorations de jungles denses, des ascensions de montagnes majestueuses et des voyages à travers des océans tumultueux. Martin écoutait avec des yeux brillants, mais au fond de lui, il se disait souvent : "Je ne pourrais jamais vivre de telles aventures."

Un jour, l'école organisa une sortie scolaire dans une grande forêt.

Martin était excité à l'idée de passer du temps à l'extérieur, mais une petite voix en lui murmurait qu'il n'était pas fait pour l'aventure.

En arrivant sur place, leur professeur expliqua qu'ils allaient faire une chasse au trésor. Les élèves devaient se répartir en groupes et suivre des indices pour trouver des trésors cachés dans la forêt. À ce moment-là, Martin se sentit soudain très nerveux.

Alors que le professeur annonçait le début de l'activité, Martin se retrouva dans un groupe avec ses camarades. Il pouvait voir que certains d'entre eux étaient déjà très enthousiastes et se sentaient à l'aise à l'idée de s'aventurer.

Mais Martin, lui, hésitait à prendre les devants. Les autres groupes partirent rapidement, et son équipe était un peu désorganisée. Le professeur leur remit une carte et un premier indice.

« Nous devons aller vers le grand chêne et trouver le prochain indice là-bas », expliqua l'un des élèves, en pointant la direction à suivre.

Les autres acquiescèrent, mais Martin remarqua que personne ne semblait vraiment savoir par où commencer. Sa main tremblait légèrement alors qu'il tenait la carte.

Finalement, il prit une profonde inspiration et se força à parler. "Attendez, je crois que si on suit ce chemin, on devrait y arriver."

À sa grande surprise, ses camarades se retournèrent et l'écoutèrent. Ils décidèrent de le suivre, et, lentement, Martin commença à gagner en confiance.

Sur le chemin, ils rencontrèrent des petits défis : un ruisseau à traverser, des buissons épineux à contourner et des sentiers à explorer.

Martin s'aperçut qu'il avait de bonnes idées pour aider son groupe à surmonter ces obstacles. Avec créativité, il proposa de fabriquer un pont avec des branches pour traverser le ruisseau et utilisa la carte pour montrer le meilleur chemin à prendre.

À chaque défi relevé, Martin ressentait une montée d'excitation et de fierté.

Ses camarades le remerciaient pour ses idées, et il commença à réaliser qu'il avait en lui tout ce qu'il fallait pour être un bon guide. À mesure qu'ils avançaient, il se sentait de plus en plus comme un aventurier.

Ses jambes, qui tremblaient au début, étaient maintenant pleines d'énergie.

Après plusieurs heures d'exploration et de rires, ils arrivèrent finalement au grand chêne.

Il y avait une petite boîte cachée à ses pieds, remplie de trésors scintillants et de souvenirs.

Le groupe éclata en acclamations, et Martin sourit, fier d'avoir contribué à cette aventure. Ils avaient non seulement trouvé le trésor, mais aussi créé des souvenirs inoubliables ensemble.

En rentrant chez lui, Martin repensa à la journée.

Il avait commencé la sortie en se considérant comme un garçon timide qui n'avait pas sa place dans une aventure.

Mais à travers de petits pas, il avait découvert sa propre force et sa capacité à mener les autres.

Ses histoires de grand-père prenaient une nouvelle signification : il comprenait maintenant que même les plus grandes aventures commencent par un petit pas, et que parfois, il suffit d'oser faire le premier pas pour découvrir un monde incroyable en soi.

> **Même les plus grandes aventures commencent par un petit pas.**

As-tu déjà été dans une situation où tu avais peur de te lancer, mais où tu as finalement découvert quelque chose d'extraordinaire sur toi-même ? Quel petit pas pourrais-tu faire pour commencer une nouvelle aventure ?

LE TALENT SECRET DE NOÉ

Noé était un garçon ordinaire dans sa classe. Il n'était pas le plus rapide lors des courses de récréation, ni le plus drôle quand il s'agissait de raconter des blagues. À l'école, il voyait souvent ses amis briller par leurs talents. L'un était un athlète talentueux, un autre avait un don pour le chant, et une de ses amies excellait en dessin. Noé, quant à lui, se sentait invisible, comme s'il n'avait rien de spécial à offrir.

Un jour, l'école organisa une grande fête. Les élèves étaient invités à préparer des spectacles pour divertir leurs camarades et leurs enseignants.

Les couloirs résonnaient de rires et d'excitation, mais Noé se tenait à l'écart, se sentant un peu triste.

"Que pourrais-je faire ? Je ne sais rien faire de bien", pensa-t-il.

Ses amis se regroupaient pour former des équipes, et il avait l'impression de ne pas avoir sa place.

Mais un matin, sa maîtresse annonça une nouvelle activité : chaque élève pouvait choisir de raconter une histoire devant la classe. Au début, Noé frissonna à l'idée de parler devant tout le monde. "Et si je me trompe ? Et si personne ne m'écoute ?" se disait-il. Pourtant, il se mit à réfléchir aux histoires qu'il aimait tant écouter, notamment celles de son grand-père, qui parlaient de créatures fantastiques et de mondes lointains.

Le jour du spectacle arriva, et Noé observa ses camarades, chacun se préparant avec enthousiasme. Quand ce fut son tour, il se leva, les mains moites et le cœur battant. Mais, lorsqu'il commença à raconter une histoire qu'il avait inventée sur un dragon qui cherchait des amis, quelque chose d'incroyable se produisit.

Sa voix, d'abord hésitante, devint de plus en plus forte et assurée. Il s'impliquait dans son récit, ajoutant des détails colorés et des dialogues amusants.

Les autres élèves, au début un peu distraits, se mirent à l'écouter avec attention. Ils souriaient, riaient et étaient complètement captivés par l'histoire de Noé. Il ne se rendait pas compte à quel point il avait réussi à les transporter dans son monde d'imagination. À mesure qu'il avançait dans son récit, il pouvait voir des yeux s'illuminant d'intérêt.

Quand il termina son histoire, la classe éclata en applaudissements. Noé était stupéfait. Jamais il n'aurait imaginé que son récit pourrait avoir un tel impact sur ses camarades. Ses amis vinrent le féliciter, et il se sentit envahi par une vague de joie et de confiance.

"Je n'ai jamais pensé que je pourrais captiver autant de personnes comme ça", dit-il, le sourire aux lèvres.

À la fin de la journée, il rentra chez lui avec une nouvelle étincelle dans les yeux. Noé avait découvert qu'il possédait un talent unique : celui de raconter des histoires. Il comprit que même s'il n'était pas le plus rapide ou le plus drôle, il avait quelque chose de précieux à offrir au monde. Chacun a ses propres talents, souvent cachés, qui n'attendent qu'à être découverts.

Noé commença à écrire ses histoires, et chaque jour, il se sentait un peu plus confiant.

Il comprit que le plus important était de croire en soi et d'accepter que ses talents, même s'ils ne sont pas évidents au premier coup d'œil, sont précieux. Avec du temps, il se rendit compte que chacun, tout comme lui, a en lui quelque chose d'unique qui ne demande qu'à émerger.

Y a-t-il quelque chose que tu aimes faire, mais que tu n'as jamais essayé de partager avec les autres ? Qu'est-ce qui t'empêche de le faire ?

LA COURSE DE TOM

Tom était un garçon plein d'énergie qui adorait courir. Chaque matin, il s'entraînait dans le parc près de chez lui, défiant ses propres limites.

Que ce soit en sprintant, en jouant au foot ou en participant à des courses, il trouvait toujours du plaisir à être en mouvement.

Mais cette année, la course annuelle de l'école était différente. C'était un événement très attendu où tous les élèves s'inscrivaient, et Tom était impatient de montrer ses progrès.

Le jour de la course, l'excitation était palpable. Les parents étaient présents, les amis encourageaient les coureurs et l'atmosphère était remplie de joie. Tom se tenait sur la ligne de départ, les jambes légèrement tremblantes mais le cœur plein d'enthousiasme.

Dès le coup de sifflet, il se lança avec détermination, courant aussi vite que ses jambes pouvaient le porter. Il avait pour objectif de finir parmi les premiers, comme il l'avait rêvé.

Cependant, alors qu'il s'élançait avec vigueur, Tom trébucha sur une racine cachée sous la terre. En un instant, il tomba au sol. Une douleur lui parcourut la cheville, et il resta là, un instant sous le choc. "Pourquoi cela m'arrive-t-il ?" se demanda-t-il, se sentant frustré. En voyant les autres coureurs le dépasser, une vague de découragement l'envahit.

Alors qu'il s'apprêtait à abandonner, il se souvint des mots de son entraîneur :

"Le vrai courage, c'est de continuer même quand on rencontre des obstacles."

Ces mots résonnèrent dans son esprit, et quelque chose en lui se réveilla. Il réalisa que même finir la course, même en dernier, serait une victoire en soi.

Tom prit une grande inspiration, se releva avec difficulté et se mit à avancer, boitant légèrement mais déterminé. Chaque pas était un défi, mais il se concentrait sur la ligne d'arrivée. Il savait que ses amis l'attendaient là-bas, qu'ils seraient fiers de lui peu importe le résultat. Peu à peu, les applaudissements de la foule le motivèrent à avancer. Il entendait des encouragements, des voix qui l'appelaient : "Allez, Tom, tu peux le faire !"

Avec une volonté renouvelée, il poursuivit sa route. À chaque foulée, il se rappela combien il aimait courir, peu importe les circonstances. Et même si le temps passait et que d'autres coureurs le dépassaient, il se sentait fier d'avancer à son rythme.

Finalement, Tom franchit la ligne d'arrivée. Il était essoufflé et sa cheville le faisait souffrir, mais un grand sourire illuminait son visage. Ses amis l'accueillirent avec des cris d'encouragement, fiers de lui.

"Tu as réussi, Tom !" lui crièrent-ils en l'applaudissant.

Ce moment de célébration lui fit comprendre que la victoire n'était pas seulement une question de position, mais aussi de courage, de détermination et de persévérance.

Tom avait appris une leçon précieuse ce jour-là : ce qui compte vraiment, ce n'est pas de toujours finir premier, mais d'avoir la force de se relever et de continuer à avancer, même lorsque les choses deviennent difficiles.

Il comprit que le vrai courage se trouvait en lui, prêt à s'exprimer à chaque fois qu'il ferait face à un obstacle.

Peux-tu penser à un moment où tu as dû faire face à un obstacle ?
Qu'est-ce qui t'a aidé à continuer, même si c'était difficile ?

LE GRAND CŒUR DE MALO

Malo était un garçon sensible, toujours attentif à son entourage. Il avait cette capacité rare de percevoir les émotions des autres. Alors que beaucoup de ses camarades de classe s'amusaient à rire et à jouer, Malo pouvait ressentir quand quelqu'un était triste ou préoccupé.

Il se souvenait d'une fois où un de ses amis avait eu une mauvaise note ; Malo avait ressenti son chagrin si intensément qu'il avait tout fait pour lui remonter le moral.

Il savait que parfois, un simple geste pouvait faire toute la différence.

Un jour, pendant la récréation, Malo remarqua un de ses camarades, Arthur, assis sur un banc, les yeux perdus dans le vide.

Contrairement aux autres enfants qui couraient et riaient, Arthur semblait isolé, comme s'il était enfermé dans une bulle de tristesse. Malo se souvint des moments où il s'était senti tout aussi seul et décida d'agir.

Il s'approcha doucement d'Arthur, un sourire amical sur le visage.

"Salut, Arthur. Pourquoi es-tu assis ici tout seul ? Veux-tu venir jouer avec moi ?" demanda-t-il d'une voix douce.

Arthur leva les yeux, surpris par cette offre. "Je... je ne sais pas. Je ne pense pas que les autres veulent de moi," répondit-il en baissant les yeux.

Malo s'assit à côté de lui, déterminé à ne pas le laisser s'enfermer dans sa solitude.

"Tu sais, je pense que tu es un super garçon. "Parfois, un simple ami peut faire toute la différence quand on se sent mal. Je suis là pour toi, et je suis certain que mes amis seraient vraiment heureux que tu viennes jouer avec nous." expliqua Malo avec encouragement.

Il se souvint d'une histoire amusante qui avait eu lieu dans leur classe.

"Tu te souviens de la fois où le prof a essayé de faire des crêpes et que tout a fini par coller au plafond ? C'était hilarant !" dit-il en riant.

Cela fit sourire Arthur, et Malo continua avec enthousiasme, se réjouissant de voir le visage de son camarade s'éclaircir peu à peu.

Après quelques minutes de discussion, Malo proposa une idée.

"Et si on essayait de jouer au foot avec les autres ? Je parie qu'ils seront ravis de te voir." Arthur hésita.

"Mais je ne suis pas très bon..." murmura-t-il, l'inquiétude toujours présente dans sa voix.

"Ça ne fait rien ! L'important, c'est de s'amuser ensemble. Je suis sûr qu'ils apprécieront que tu sois là," répondit Malo, encouragé par l'espoir de voir Arthur se joindre au groupe.

Finalement, Malo réussit à convaincre Arthur de l'accompagner au terrain de jeu. Lorsqu'ils arrivèrent, plusieurs enfants étaient déjà en train de jouer. Au début, Arthur resta un peu en retrait, observant les autres avec une certaine timidité.

Mais Malo lui donna un coup de coude amical.

"Regarde, tout le monde s'amuse. Tu peux aussi t'amuser !"

Avec un soupir, Arthur prit une grande inspiration et décida de tenter sa chance. Malo l'encouragea tout au long du jeu, le félicitant chaque fois qu'il réussissait un dribble ou qu'il se battait pour le ballon.

Au fur et à mesure que le jeu avançait, Arthur commença à se sentir plus à l'aise. Il riait avec Malo et ses autres camarades, et peu à peu, il oublia sa tristesse.

Après le match, alors qu'ils se reposaient tous ensemble, Arthur se tourna vers Malo.

"Merci, Malo. Je ne pensais pas que je m'amuserais autant. J'ai passé un super moment ! Je ne me sentais pas bien, mais maintenant, je suis content d'être ici." Malo sourit, le cœur réchauffé par ces paroles. Il avait réussi à faire sourire Arthur et à lui montrer qu'il n'était pas seul.

Cette expérience lui apprit que son grand cœur et sa sensibilité n'étaient pas des faiblesses, mais des forces précieuses.

Il réalisa que chaque geste de gentillesse pouvait faire une différence dans la vie de quelqu'un. Grâce à Malo, Arthur se sentait plus confiant et accepté. De ce jour-là, ils devinrent de bons amis, partageant rires et aventures ensemble.

À la fin de la journée, alors qu'ils se quittaient, Malo se sentait fier d'avoir utilisé son empathie pour aider quelqu'un.

Il comprit que, même si être sensible pouvait parfois sembler lourd, c'était aussi un cadeau. Être à l'écoute des autres, être capable de ressentir leur douleur ou leur bonheur, c'était ce qui le rendait spécial.

En se couchant ce soir-là, Malo réfléchit à sa journée. Il réalisa que le simple fait de tendre la main à quelqu'un en difficulté pouvait transformer non seulement la vie de cette personne, mais aussi la sienne. Avec un sourire, il se promettait de toujours être là pour ceux qui avaient besoin d'un ami.

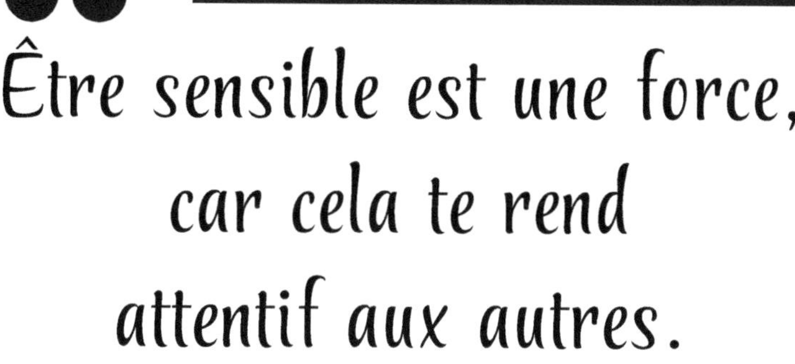

As-tu déjà remarqué quelqu'un qui avait l'air triste ou isolé ? Qu'est-ce que tu pourrais faire pour lui montrer qu'il n'est pas seul ?

LES RÊVES DE LUCAS L'INVENTEUR

Lucas était un garçon passionné par les inventions. Chaque jour après l'école, il se réfugiait dans un coin du garage, qu'il avait transformé en atelier, entouré de matériaux en tout genre : vieilles boîtes, fils de fer, morceaux de plastique et quelques jouets cassés qu'il avait récupérés. C'était son espace à lui, où son imagination débordante prenait vie. Il bricolait sans cesse, fabriquant parfois des machines qui ne servaient à rien en particulier, mais qui avaient pour lui un sens, une histoire. Plus que de simples assemblages, ses créations représentaient ses idées et sa façon de voir le monde.

Un jour, en classe, son professeur leur annonça une nouvelle excitante : la ville organisait un concours de projets innovants, et les élèves étaient invités à y participer. Le gagnant aurait l'opportunité de faire un stage dans une entreprise de technologie. Les yeux de Lucas s'illuminèrent. Cependant, une fois rentré chez lui, des doutes se mirent à l'envahir. Et si je n'étais pas assez bon ? pensa-t-il, incertain de la valeur de ses créations.

Malgré cette petite voix qui le freinait, il se força à chercher une idée dans son atelier, déterminé à participer. Il passa des heures à réfléchir, observant chaque objet autour de lui pour y trouver l'inspiration. Il commença même quelques croquis, mais aucun ne semblait lui plaire assez pour le concours.

Plus les jours passaient, plus il se sentait découragé. Peut-être qu'il n'était pas aussi talentueux qu'il le pensait.

Ce soir-là, épuisé et prêt à abandonner, il repensa à son grand-père, l'homme qui lui avait transmis sa passion pour les inventions. Son grand-père lui disait toujours : « Les plus grandes inventions naissent souvent de l'échec. N'aie pas peur de te tromper, Lucas, c'est ce qui te mènera au succès. » Ces mots résonnèrent en lui, et un déclic se produisit. Il décida de laisser de côté ses doutes et de tenter une approche différente.

Il avait eu plusieurs idées, mais aucune ne lui semblait assez intéressante. Il passait des heures à réfléchir, à raturer des croquis, puis à recommencer. Il se sentait découragé et perdait peu à peu confiance en lui.

Un soir, alors qu'il observait les jouets de son petit frère, il vit des bulles s'échapper d'un petit flacon de savon. Quelque chose en lui s'illumina : les bulles ! Elles étaient joyeuses, éphémères, légères comme des rêves. Il décida qu'il allait fabriquer une machine à bulles, mais pas n'importe quelle machine !

Elle devait être unique, grande et capable de créer des bulles de toutes les couleurs. « Une machine qui apporte de la joie et de la créativité », pensa Lucas avec un sourire retrouvé.

Avec cette idée en tête, il rassembla rapidement tout le matériel qu'il avait sous la main : des tubes en plastique, des engrenages d'anciens jouets, un petit moteur qu'il avait récupéré d'un vieux ventilateur, et une palette de couleurs pour donner aux bulles des reflets magiques. Mais dès qu'il commença à assembler le tout, les choses se compliquèrent.

Les premières tentatives furent des échecs cuisants. Quand il ajouta les bulles de savon, le moteur se mit à tousser et finit par caler. Puis, une fois le moteur réparé, les tubes n'arrivaient pas à produire de bulles aussi grandes qu'il l'espérait. Frustré, il se demanda s'il ne devait tout simplement abandonner. Mais il se rappela les mots de son grand-père : « Les échecs font partie du chemin. Chaque erreur est un pas de plus vers la réussite. »

Lucas inspira profondément et retourna à sa machine. Il ajusta les tubes, changea la consistance du savon, ajouta un nouveau filtre pour les couleurs. Malgré la fatigue, il persévéra pendant des heures, ajustant, testant, réessayant. Petit à petit, la machine à bulles prenait forme. Chaque obstacle surmonté renforçait sa détermination et l'aidait à croire davantage en son idée.

Finalement, après de nombreux essais et quelques bulles éclatées dans le visage, sa machine était prête. Lucas l'observa, les yeux brillants, rempli de fierté. Il savait qu'elle n'était peut-être pas parfaite, mais il avait mis tout son cœur dans cette création. Alors, avec une légère appréhension mais une grande dose de courage, il décida de l'emmener au concours.

Le jour du concours, il se retrouva devant le jury, entouré de ses camarades qui présentaient aussi leurs inventions. Les autres inventions semblaient impressionnantes : un robot qui pouvait dessiner, une petite voiture télécommandée, un panneau solaire miniature. Lucas sentit son cœur battre de plus en plus fort.

« Et si ma machine ne fonctionne pas devant tout le monde ? » pensa-t-il. Mais il chassa cette pensée et se concentra sur son projet. Après tout, il avait réussi à la faire fonctionner dans son garage, alors pourquoi pas ici ?

Quand ce fut son tour, il prit une profonde inspiration et se dirigea vers le centre de la salle. Avec une légère hésitation, il expliqua son projet, partageant son idée de créer une machine qui répandrait de la joie à travers ses bulles.

Le jury écoutait attentivement, et Lucas, de plus en plus confiant, appuya sur le bouton pour activer sa machine.

Pendant une seconde, il ne se passa rien. Le silence se fit pesant, et Lucas sentit une pointe de panique monter en lui. Mais soudain, le moteur se mit en marche, et une première bulle, éclatante de reflets bleus et roses, s'envola dans l'air.

Puis une autre, et encore une autre. Bientôt, une véritable pluie de bulles colorées remplissait la salle, scintillant sous la lumière et laissant les spectateurs émerveillés. Les bulles tourbillonnaient, se mélangeant en une danse féérique, et des éclats de rire résonnaient dans la pièce.

Les yeux de Lucas brillaient de fierté et de bonheur.

Il avait réussi à captiver l'attention de tout le monde avec son invention.

Les membres du jury, charmés par la beauté et l'originalité de sa machine, l'applaudirent chaleureusement. Lucas sourit, profondément touché.

À ce moment-là, il réalisa que son invention n'était pas seulement une machine, mais aussi un moyen de transmettre de la joie et de rappeler à chacun l'importance de suivre ses rêves.

Lors de la remise des prix, Lucas ne remporta pas le premier prix, mais cela n'avait plus d'importance pour lui.

Il avait gagné quelque chose de bien plus précieux : la certitude que ses idées avaient de la valeur et la confiance en lui-même.

En rentrant chez lui, le cœur léger, il se dit qu'il allait continuer à inventer, à créer, et à s'amuser, peu importe ce que les autres pensaient.

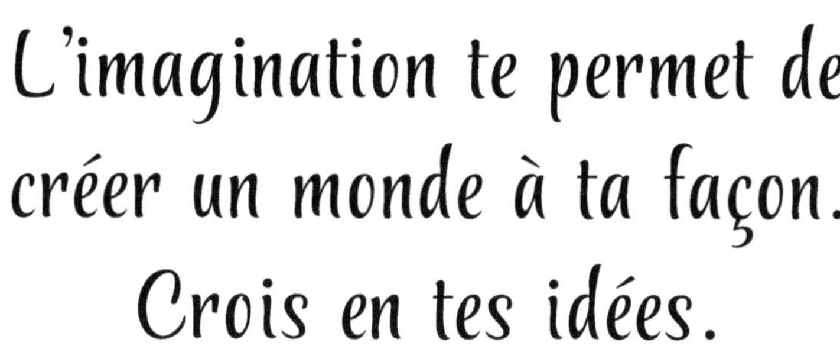

Quelle est l'idée ou l'invention qui te fait rêver ? Qu'est-ce que tu aimerais créer si tu avais tous les matériaux du monde ?

ANGE ET LE POUVOIR DE L'INSTANT PRÉSENT

Ange était un garçon vif et curieux, mais il avait une tendance à se laisser submerger par ses pensées. Il était souvent préoccupé par des souvenirs du passé ou par des préoccupations pour l'avenir. Par exemple, il repensait souvent à une dispute qu'il avait eue avec son meilleur ami, se demandant s'ils allaient un jour se réconcilier. De plus, il était anxieux à l'idée de ses examens qui approchaient, ce qui l'empêchait de profiter pleinement de ses moments de loisirs.

Un jour, alors qu'il était perdu dans ses pensées, son grand-père l'invita à faire une promenade en forêt. Au début, Ange était hésitant.

"Qu'est-ce que je vais faire dans la forêt ? J'ai tant de choses à penser !" Mais son grand-père insista, et Ange finit par accepter.

En marchant à travers les arbres majestueux, Ange se laissa peu à peu apaiser par le calme de la nature. Les feuilles dansaient au gré du vent, et les rayons du soleil perçaient à travers le feuillage, créant un jeu d'ombres et de lumières sur le sol.

Tout semblait si vivant. Son grand-père s'arrêta soudain et, avec un sourire, commença à raconter une histoire.

"Regarde ces arbres, Ange," dit-il.

"Ils ne se préoccupent pas du vent d'hier ni des tempêtes de demain. Ils se contentent de grandir, de profiter de la lumière et de l'eau qu'ils ont aujourd'hui. Chaque jour est une nouvelle occasion de s'épanouir."

Ange réfléchit à ces paroles. Pourquoi suis-je toujours si inquiet ? pensa-t-il.

Soudain, il réalisa que son esprit était souvent occupé à ressasser des événements passés ou à anticiper des problèmes futurs. Il décida alors d'essayer quelque chose de nouveau : vivre "comme un arbre".

Tout au long de leur promenade, Ange se concentra sur le moment présent.

Il observa les oiseaux qui chantaient, le parfum des fleurs sauvages, et le doux murmure d'un ruisseau qui coulait à proximité. Chaque détail lui semblait plus vibrant et plus important. Pour la première fois depuis longtemps, il se sentit léger et serein.

De retour chez lui, Ange continua à pratiquer cet exercice.

Au lieu de s'attarder sur sa dispute avec son ami, il se rappela les bons moments qu'ils avaient partagés et décida d'écrire un petit mot pour s'excuser.

Pour ses examens, il commença à étudier chaque jour sans se précipiter, se concentrant sur chaque matière sans se laisser envahir par l'angoisse de l'échec.

Il découvrit que, lorsqu'il se concentrait sur le moment présent, les choses devenaient plus claires, plus simples.

Les jours passèrent, et Ange remarqua qu'il était plus heureux. Les rires avec ses amis étaient plus sincères, ses études plus productives, et il se sentait en paix.

En vivant pleinement chaque instant, il laissait derrière lui les peurs du passé et les inquiétudes de l'avenir.

Un soir, alors qu'il s'allongeait dans son lit, Ange pensa à tout ce qu'il avait appris. Merci, Grand-père, se dit-il, le cœur léger.

Grâce à lui, Ange avait découvert le pouvoir de l'instant présent, et il savait désormais que chaque jour pouvait être une nouvelle aventure à vivre pleinement.

En te concentrant sur le moment présent,
tu laisses derrière toi
les peurs du passé et
les inquiétudes de l'avenir.

Peux-tu te souvenir d'un moment où tu étais tellement heureux que tu as oublié tout le reste ?

NATALE ET LA MAGIE
DES PENSÉES POSITIVES

Natale était un jeune garçon passionné de basketball. Chaque jour, il s'entraînait avec énergie, rêvant de participer au grand tournoi de basketball qui approchait. Cependant, une petite voix dans sa tête le freiné souvent. Et si je faisais une erreur ? se disait-il. Et si je ne marque pas ? Ces pensées négatives commençaient à l'envahir et à l'inquiéter.

Un jour, lors d'un entraînement, son entraîneur, Monsieur Nusbaum, remarqua que Natale semblait distrait et anxieux. À la fin de la séance, il l'appela et lui demanda ce qui n'allait pas. Natale avoua ses doutes et ses craintes concernant le tournoi.

L'entraîneur l'écouta attentivement, puis lui sourit.

"Natale," dit-il avec bienveillance, "je comprends ce que tu ressens. Mais sais-tu qu'il existe une technique très puissante pour t'aider à surmonter ces pensées négatives ?"

Natale était curieux. "De quoi s'agit-il ?"

"Il s'agit de la visualisation," expliqua Monsieur Nusbaum.

"C'est simple : chaque fois que tu te sens nerveux, prends un moment pour fermer les yeux et imaginer le meilleur scénario. Visualise-toi sur le terrain, faisant de belles passes, marquant des paniers, et jouant avec confiance. Ton cerveau ne fait pas la différence entre ce qui est réel et ce que tu imagines. Pense à cela comme planter des graines de succès dans ton esprit."

Intrigué, Natale décida d'essayer.

Chaque soir avant de se coucher, il fermait les yeux et s'imaginait en train de jouer au tournoi. Il se voyait dribbler le ballon avec aisance, passer à ses coéquipiers avec précision et marquer des paniers avec un sourire sur le visage. Chaque détail devenait de plus en plus vivant dans son esprit, et peu à peu, il commença à ressentir une vague de confiance s'installer en lui.

Les jours passèrent, et au fur et à mesure que le tournoi approchait, Natale s'entraînait également en visualisant son succès.

Il s'imaginait en train de recevoir les encouragements de ses amis et de sa famille dans les gradins.

Il s'imaginait surtout ressentir cette joie incroyable de jouer à son meilleur niveau.

Le jour du tournoi arriva. Natale se sentait nerveux, mais il se remémora les images positives qu'il avait créées dans son esprit.

Quand il entra sur le terrain, il se rappela des mots de son entraîneur. Visualiser le succès attire le succès, pensa-t-il.

Au fur et à mesure que le match commençait, Natale se laissa guider par ses pensées positives. Il dribbla le ballon, passa à ses coéquipiers et marqua même quelques paniers ! À sa grande surprise, il jouait bien et se sentait de plus en plus à l'aise. Ses pensées avaient vraiment fait la différence.

À la fin du match, Natale et son équipe avaient remporté la victoire, mais plus important encore, il avait découvert quelque chose de précieux sur lui-même. En croyant en ses capacités et en visualisant son succès, il avait réussi à donner le meilleur de lui-même.

En sortant du terrain, le sourire aux lèvres, il courut vers son entraîneur.

"Merci, Monsieur Nusbaum ! C'était incroyable ! Je n'aurais jamais cru que cela fonctionnerait si bien."

Monsieur Nusbaum lui sourit en retour.

"Souviens-toi, Natale, la magie des pensées positives est toujours à ta portée. Remplis ton esprit de pensées positives, et elles te guideront vers de grandes réussites."

Visualiser le succès attire le succès.
Remplis ton esprit de pensées positives,
et elles te guideront.

Peux-tu penser à un moment où une pensée positive t'a aidé à faire quelque chose de difficile ? Que t'es-tu dit pour te motiver ?

LE MATCH D'ANTOINE

Antoine est un garçon de neuf ans plein d'énergie. Chaque jour après l'école, il file au parc avec ses amis pour jouer au foot, son sport préféré.

Quand il est sur le terrain, il oublie tout : il se concentre sur le ballon, les dribbles, et les cris de ses coéquipiers. Mais depuis quelque temps, Antoine doute de lui. Il trouve que ses jambes ne sont pas aussi fortes que celles de ses amis, que son tir manque de puissance, et il n'aime pas vraiment son reflet dans le miroir.

Cela a commencé le jour où il a regardé un match de foot avec des joueurs professionnels. Sur l'écran, les sportifs paraissaient si grands et si sûrs d'eux. Antoine s'était dit qu'il voulait leur ressembler.

Mais, en voyant ses amis jouer, il a l'impression de ne pas être à la hauteur. « Pourquoi je ne suis pas aussi rapide qu'eux ? » se demande-t-il en silence. À chaque erreur sur le terrain, il se critique intérieurement. « Mes passes ne sont pas assez précises... je ne suis pas assez bon. »

Un soir, après un match difficile où il avait l'impression d'avoir déçu son équipe, Antoine rentre chez lui, le cœur lourd.

En arrivant, il voit son oncle Victor, venu dîner avec sa famille. Victor a toujours une histoire ou un conseil plein de sagesse, et Antoine l'admire beaucoup.

En voyant son neveu si silencieux, Victor lui demande : « Ça va, Antoine ? Tu as l'air préoccupé. »

Antoine hésite, puis avoue, presque à voix basse : « J'ai l'impression de ne pas être assez bon pour jouer au foot. Mes amis sont tous meilleurs que moi... et quand je vois les vrais joueurs, je me dis que je ne serai jamais comme eux. »

Victor sourit et pose sa main sur l'épaule d'Antoine. « Viens, j'ai quelque chose à te montrer. »

Ils montent dans le grenier, où Victor sort une vieille boîte remplie de souvenirs. Dedans, Antoine aperçoit des photos jaunies. Sur l'une d'elles, il voit un jeune garçon en tenue de sport, les cheveux ébouriffés et le sourire timide. « Tu sais qui c'est ? » demande Victor.

Antoine lève les yeux, étonné. « C'est toi ? »

Victor hoche la tête, riant doucement.

« Oui, c'est moi, à ton âge. J'adorais le sport, mais je n'étais pas du tout le meilleur. À vrai dire, je me sentais un peu comme toi. Je me comparais aux autres et je croyais que je n'étais pas assez fort ou assez rapide. Mais tu sais, j'ai découvert que mes vraies qualités étaient ailleurs. »

Antoine écoute attentivement tandis que son oncle continue :
« J'ai appris que l'important, ce n'est pas d'être le meilleur, mais de donner le meilleur de soi-même. Dans une équipe, chacun a des forces différentes. Tu n'as pas besoin d'être parfait pour être un bon joueur. Ce qui compte, c'est ton énergie, ton enthousiasme et surtout ton amour pour le jeu. »

En entendant ces mots, Antoine se sent un peu rassuré. Il comprend que son oncle a aussi eu des doutes, et pourtant, il est devenu quelqu'un qu'Antoine admire. Cette idée le réconforte.

Le lendemain, Antoine décide de mettre les conseils de son oncle en pratique. Lorsqu'il rejoint ses amis au parc, il se promet de ne pas se comparer aux autres. Aujourd'hui, il va jouer pour le plaisir et pour encourager son équipe. Sur le terrain, il passe la balle avec plus de confiance, et même s'il rate quelques tirs, il ne se laisse pas abattre. À chaque fois, il sourit, fait de son mieux, et se concentre sur ce qu'il aime : le jeu en lui-même.

À un moment du match, l'équipe adverse marque un but, et ses amis commencent à se décourager. Antoine se souvient alors des mots de son oncle. Il prend une grande inspiration, rassemble son équipe et les encourage.

« On est une équipe ! On peut y arriver si on joue ensemble ! »

Motivés par Antoine, ses coéquipiers se remettent à courir et à jouer avec plus d'énergie. Antoine est fier de lui ; même s'il n'a pas marqué de but, il sent qu'il a fait une vraie différence. Vers la fin du match, l'un de ses amis lui passe la balle.

Antoine se concentre, dribble, et tire... Le ballon file droit dans le but !

Ses amis accourent autour de lui, le félicitant. Antoine se sent à la fois heureux et fier, mais surtout, il est content de voir ses amis si unis.

Après le match, ses amis le remercient d'avoir gardé leur moral. Antoine se sent bien, car il réalise qu'il a pu leur apporter quelque chose d'important, même sans être le plus fort. De retour chez lui, il trouve un petit carnet et décide d'y écrire, chaque soir, une qualité ou un progrès qu'il a fait dans la journée.

Il note par exemple : « J'ai encouragé mon équipe » ou « J'ai fait de mon mieux aujourd'hui. »

À chaque nouvelle page, il découvre des qualités qu'il n'avait pas remarquées avant. Jour après jour, Antoine comprend que ses forces sont plus grandes qu'il ne l'avait imaginé.

Quelques semaines plus tard, son équipe participe à un petit tournoi. Antoine se sent un peu nerveux, mais il se rappelle tout ce qu'il a appris. Lorsqu'il entre sur le terrain, il respire profondément et se dit : « Peu importe ce qui se passe, je vais donner le meilleur de moi-même. »

Et il le fait. Antoine joue avec passion, encourage ses coéquipiers et se bat jusqu'à la fin. Son équipe ne remporte pas la première place, mais tout le monde sort du terrain fier et heureux, car ils ont joué avec cœur.

À la fin du tournoi, ses amis le remercient : « Grâce à toi, on est restés motivés, Antoine ! »

En rentrant chez lui ce soir-là, Antoine est comblé. Il a compris que la vraie force, ce n'est pas d'être parfait, mais d'avoir confiance en soi et de donner le meilleur de soi-même. Ses doutes se sont dissipés, et à la place, il se sent plein de gratitude pour ses amis et pour son oncle qui l'a aidé à comprendre sa vraie valeur.

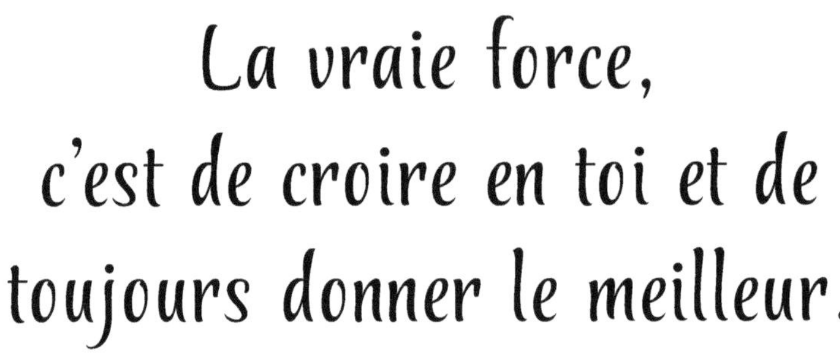

Quelle est ta plus grande qualité qui te rend fier ?

Toi, Garçon Exceptionnel !

Hé, toi ! Oui, toi qui tiens ce livre entre tes mains. En parcourant ces histoires, tu as découvert des héros comme Ange, Natale et Antoine. Chacun d'eux a affronté ses propres défis et a appris des leçons précieuses.

Et maintenant, il est temps de te rappeler que
toi aussi, tu es exceptionnel !

Peu importe ce que tu vois sur les réseaux sociaux ou à la télévision, souviens-toi que personne n'est parfait. Parfois, on se sent moins bien dans sa peau ou on a l'impression que les autres sont mieux que nous. Mais c'est faux ! Chaque personne a ses doutes, ses combats, et ses propres rêves. L'important, c'est d'accepter qui tu es. Ton apparence ne définit pas ta valeur ; ce qui compte, ce sont tes qualités, ta créativité et ta gentillesse.

Tu as le pouvoir de faire la différence, non seulement pour toi, mais aussi pour les autres. Sois courageux comme Simon et n'hésite pas à défendre ceux qui en ont besoin. Rappelle-toi que chaque geste de gentillesse, même petit, peut illuminer la journée de quelqu'un. Et si un jour tu te sens perdu ou triste, parle-en. Tu n'es pas seul, et il y a toujours des gens prêts à t'écouter.

Ensemble, vous pouvez créer un monde où chacun est respecté et accepté.

Ose être différent, cultive tes passions, et n'oublie jamais que tes rêves sont importants. Sois fier de qui tu es et de qui tu deviendras, car chaque pas que tu fais vers l'avant compte.

Alors, n'oublie pas : parce que tu es un garçon exceptionnel, tu as en toi tout ce qu'il faut pour réaliser des choses incroyables. Ne laisse jamais personne te faire douter de ça !

Alicia

BONUS

À lire quand tu en as besoin

Tu viens de finir ce livre, et j'espère que tu te sens inspiré pour inventer, rêver et croire en toi, tout comme les héros de ces histoires.

Mais parfois, même les plus grands rêveurs rencontrent des jours où ils se sentent un peu perdus ou découragés. Pour ces moments-là, j'ai créé cette liste spéciale rien que pour toi.

Prends le temps de lire chaque phrase. Elles sont là pour te rappeler à quel point tu es exceptionnel, unique, et plein de ressources incroyables.

Garde-les près de toi, relis-les quand tu en as besoin, et souviens-toi toujours : tu as en toi la force de surmonter n'importe quel défi.

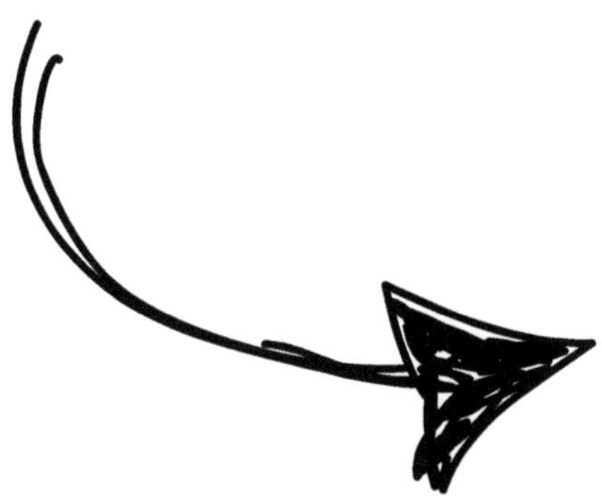

- Tu es plus fort que tu ne le penses.

- Être toi-même est déjà un super pouvoir.

- Les erreurs sont des étapes vers le succès. Chaque erreur t'apprend quelque chose.

- La créativité vient du courage d'essayer. Ne te limite pas, ose toujours inventer.

- Peu importe ce que pensent les autres, ce qui compte, c'est ce que tu penses de toi-même.

- Tes idées ont de la valeur. Ce que tu imagines peut rendre le monde meilleur.

- Il n'y a personne d'autre comme toi, et c'est ta plus grande force.

- Parfois, il faut du temps pour réussir, et c'est normal. L'important, c'est de ne jamais abandonner.

- Tu n'es jamais seul. Les gens qui t'aiment sont là pour t'aider, même dans les moments durs.

- Tes rêves comptent. Continue d'y croire, même si le chemin est parfois long.

- Chaque jour est une nouvelle chance de grandir, d'apprendre et de devenir plus fort.

- Tu es capable d'affronter plus que tu ne l'imagines. Aie confiance en toi.

- Les plus belles victoires viennent de ceux qui persévèrent, même quand c'est difficile.

- Un pas à la fois, un effort après l'autre, tu avanceras, peu importe la taille des obstacles.

- La vraie réussite, c'est d'avoir confiance en soi. Et cette confiance grandit chaque jour.

- Tu as en toi toutes les ressources pour surmonter les défis. Crois en ta force intérieure.

- Chaque petite action positive te rapproche de tes rêves.

- L'important, ce n'est pas de toujours gagner, mais d'apprendre et de grandir.

- Tes qualités sont uniques, elles rendent le monde plus beau.

- Garde toujours l'esprit ouvert : les nouvelles idées peuvent être le début de grandes aventures.

- La patience et la persévérance transforment les petites étapes en grandes réussites.

- L'important, c'est de rester fidèle à soi-même, même quand c'est difficile.

- L'erreur est humaine, et chaque erreur fait de toi une personne plus sage.

- Tes émotions sont précieuses, elles te guident vers ce qui compte vraiment pour toi.

- Tu as le droit de dire non, d'établir tes propres limites et de respecter tes besoins.

- Dans chaque défi, il y a une opportunité d'apprendre quelque chose de nouveau sur toi-même.

- Il n'y a pas de chemin unique vers le bonheur. Trouve le tien et avance à ton rythme.

- Le respect de soi est la clé pour avancer avec fierté et confiance.

- Tes valeurs et tes choix te rendent spécial. Suis toujours ce qui te semble juste.

Et maintenant,

le reste de l'histoire,

c'est à toi de l'écrire...